Inhalt

Neue Wertschöpfungsstrategien - Chancen für
OEMs und Zulieferer in der Automobilindustrie?

Kernthesen

Beitrag

Fallbeispiele

Zahlen und Fakten

Weiterführende Literatur

Impressum

Neue Wertschöpfungsstrategie - Chancen für OEMs und Zulieferer in der Automobilindustrie?

Autor GENIOS BranchenWissen: T.Eismann

Kernthesen

- Automobilhersteller (OEM = Original Equipment Manufacturer) konzentrieren sich verstärkt auf ihre Kernkompetenzen (Fahrzeugdesign, Markenerlebnis, Technologie, Service-Strategie, Kundenbetreuung etc.) und geben damit Wertschöpfungspotenziale frei. (1)
- Zulieferer fokussieren sich auf alle nicht markenprägenden Entwicklungs- und

Produktionsumfänge und erhöhen damit ihren Anteil an der automobilen Wertschöpfung deutlich. (2)
- Die Abhängigkeit der Automobilhersteller von Ihren "Technologielieferanten" nimmt zu - eine neue Art der Partnerschaft und neue Geschäftsmodelle von Zulieferer und OEM werden die Folge sein. (9)
- Risiken der Zulieferbranche durch kapitalintensive Vorleistungen steigen stark an. (4), (6)

Beitrag

Die Automobilhersteller fokussieren sich immer stärker auf das "Downstream-Geschäft" und definieren damit ihr Kerngeschäft neu. Immer größere Teile der Produktion und der Entwicklung werden an Zulieferer ausgegliedert, die dadurch völlig neue Wertschöpfungspotenziale für sich erschließen können.

Outsourcing von Nicht-Kernkompetenzen, ein weltweiter Trend

Auf internationaler Ebene ist derzeit zu erkennen, dass sich die Automobilhersteller immer stärker auf das "Downstream-Geschäft" konzentrieren, d.h. immer größere Teile der Produktion und der Entwicklung an Dritte vergeben. Das Kerngeschäft wird damit neu definiert: Eine starke Markenstrategie, effiziente Kundenbetreuungsprozesse in enger Kooperation mit dem Handel - und ein markenprägendes Fahrzeugdesign sind die neuen Erfolgsfaktoren für Automobilhersteller. Dabei wird offensichtlich, dass alle OEMs bevorzugt Partnerschaften mit den Technologielieferanten in den früheren Kerngeschäftsfeldern Entwicklung und Produktion eingehen. (7), (9)

Die Hersteller (OEM) konzentrieren sich dabei immer stärker auf die Kernkompetenzen, die primär im Fahrzeugdesign, dem Markenerlebnis und Vermarktungsstrategien zu finden sind. Premium-Fahrzeughersteller wie Mercedes-Benz, BMW, Porsche oder Audi setzen dabei stärker auf den Aufbau eigener Technologiekompetenz (primär Motorenentwicklung) als Volumenhersteller, die vermehrt mit Zuliefernetzwerken global zusammenarbeiten.

Die automobile Wertschöpfung soll sich bis 2015 von heute 645 auf 903 Mrd. EUR erhöhen. Dabei sollen die

Automobilhersteller rund 10% ihrer heutigen Wertschöpfung abgeben. Die Zulieferer werden nach ersten Prognosen 2015 rund 80% der Wertschöpfung erzielen, das sind rund 700 Mrd. EUR. (2)

Steigende Komplexität führt zu immer größeren Zulieferbetrieben

Die Komplexität der Anforderungen der Automobilhersteller an die Zulieferer steigt weiter deutlich an - Software und Elektronik werden im Automobil immer wichtiger. Die einst mittelständische Zulieferindustrie wächst im Umsatz deutlich, doch die Zahl der Unternehmen schwindet. Von ursprünglich weltweit mehr als 40 000 Zulieferern gibt es heute noch 5 000 mit weiter fallender Tendenz. (9)

Chancen für die automobilen Netzwerkpartner

Neue Wertschöpfungspotenziale werden sich primär für Zulieferer erschließen. Daneben werden sich OEMs auf die konsequente und gewinnmaximierende

Vermarktung ihrer Marke konzentrieren und gezielt auf Netzwerkpartner (Zulieferer) zugehen, wenn sie keine Notwendigkeit für Eigenentwicklung sehen. Dadurch expandieren OEMs ohne eigene Kapazitäten aufzubauen und minimieren die Risiken durch hohe finanzielle Vorleistungen.

Auf der anderen Seite erhalten die Netzwerkpartner in ihren neuen Rollen als Integratoren und Technologiepartner neue Wachstumspotenziale indem sie große Teile der automobilen Wertschöpfungskette übernehmen.

Dieser Trend ist nicht unentdeckt geblieben. Viele Beteiligungsunternehmen haben die Zulieferbranche als attraktives Kapitalinvestment entdeckt. Jährliche Renditeerwartungen von 15 bis 25% sind derzeit an der Tagesordnung. Dies macht die mittelständischen Technologielieferanten attraktiv für Kapitalgeber, die sich früh an interessanten Übernahmekandidaten beteiligen wollen. (10)

Höhere Risiken für Zulieferer durch hohe Vorleistungen

Die OEMs fordern verstärkt hohe Vorleistungen von ihren Zulieferern. Damit verlagern die OEMs teilweise das gesamte Entwicklungsrisiko auf den Zulieferer. Durch die teilweise hohen Kapitalvorleistungen werden die Bilanzen der Zulieferer damit weiter strapaziert. Dies führt dazu, dass sich durch Zusammenschlüsse kapitalstarke Zulieferer bilden. Aus dieser Position heraus werden sie erst in die Lage versetzt, kapitalintensive Investitionen tätigen zu können. (6)

Das bedeutet, dass die Zuliefererbranche in hohem Maße den zukünftigen Erfolg durch Investitionen in Forschung und Entwicklung vorfinanzieren muss und damit ein deutlich stärkeres unternehmerisches Risiko trägt als zu Zeiten der reinen Auftragsfertigung "einfacher" Zulieferprodukte. (3)

Ausblick

Es wird in den nächsten 10 Jahren eine deutliche Verlagerung der Wertschöpfung hin zu den Zulieferern geben. Immer größere Teile der Entwicklung und Produktion werden von den OEMs übernommen. Damit können die Zulieferer Wachstumschancen nutzen, müssen diese aber mit einem höheren Risiko bezahlen.

Die Zahl der Zulieferer wird abnehmen, gleichzeitig

aber der Umsatz der Branche deutlich steigen. Es werden diejenigen Zulieferer gewinnen, die sich als kompetente und zuverlässige Technologiepartner von Automobilkonzernen positionieren können.

Bei der Wertschöpfungsstrategie der OEMs ist zwischen Premium- und Massen- bzw. Volumenherstellern zu differenzieren: Premium-Marken werden ihre Eigenwertschöpfung um ca. 25% über dem Massensegment halten können. Das Management der Marke wird der zentrale Erfolgsfaktor für die Automobilunternehmen.

Fallbeispiele

Outsourcing-Entwicklungen in der Automobilindustrie

Bis 2006 verlagern Automobilhersteller in den Hauptprozessen eine Wertschöpfung in Höhe von 275 EUR pro Fahrzeug auf externe Unternehmen (insbesondere Produktion 113 EUR, Einkauf 65 EUR, Entwicklung 59 EUR) und verringern damit deutlich ihre Fertigungstiefe. Bei Infrastrukturprozessen werden weitere 50 EUR pro Fahrzeug verlagert. Das bedeutet, dass die Wertschöpfung an einem Fahrzeug von 4 358 EUR auf 4 033 EUR bei Herstellern verloren geht. [Abb.1] Die beiden neuen Rollen die neben dem klassischen Teilezulieferer entstehen sind der Komponentenzulieferer (der auch nach Innovationsführerschaft strebt) und der Integrator. (9)

Das Unternehmen Leoni - ein Beispiel für einen erfolgreichen Zulieferer

Leoni, ein breit aufgestellter Automobilzulieferer, hat sich weltweit bereits als kompetenter Technologiepartner bei Bordnetzen mit 3 000 Mitarbeitern in Deutschland positionieren können. Das Unternehmen will weltweit expandieren zuletzt wurde in China eine Beteiligung übernommen - und investiert hohe Beträge in Forschung und Entwicklung um die Alleinstellungsmerkmale bei Bordnetzen abzusichern und auszubauen. (6)

Chinas Zulieferer auf dem Sprung nach Europa

Ein Trend zeichnet sich immer mehr ab: Chinesische Automobilzulieferer arbeiten mit europäischen Zulieferern zusammen und liefern als Reimporte Produkte nach Europa. Bei vielen Teilen konnten die Preise z.B. durch Bosch oder Siemens VDO aufgrund der bestehenden Produktionskooperationen in China um bis zu 40% gesenkt werden. Bei Bosch erwartet man, dass das Unternehmen gezwungen ist, mittelfristig das gesamte Produktportfolio in China zu fertigen um auf dem Markt präsent sein zu können. Die staatlich vorgeschriebene Joint-Venture-Politik führt damit auch dazu, dass Technologie-Know-how nach China abfließt. Früher oder später werden damit die chinesischen Lieferanten eine ernsthafte Technologiekonkurrenz - vor allem auch durch den Fakt, dass sie durch günstige Kostenstrukturen den OEMs sehr gute Preise anbieten können. [5]

Investoren interessieren sich für Zulieferbranche

Investoren haben die automobile Zulieferbranche entdeckt. Ein interessantes Investment zeichnet sich durch ein klares Geschäftsmodell, Alleinstellungsmerkmale der Technologie, einen hohen Innovationsgrad, einer bereits entwickelten Wachstumsstrategie und einem guten Management aus. Dies können viele Unternehmen in der automobilen Zulieferbranche in Deutschland derzeit anbieten. (10)

Dass die Branche expandiert, zeigt auch der Trend der letzten Jahre. Insgesamt erzielte die deutsche Automobilzulieferindustrie im Jahr 2003 in Deutschland einen neuen Rekordumsatz von 60 Mrd. Euro mit weiter steigender Tendenz. [Abb.2]

Arbeitsplätze in der Zulieferindustrie

Der Beschäftigungseffekt in der Zulieferindustrie wird signifikant ausfallen: Von rund 3,3 Mio. neuen Arbeitsplätzen wird bis zum Jahr 2015 ausgegangen. Davon sollen 1,2 Mio. in Europa entstehen. (2)
Im Jahr 2003 stieg die Arbeitnehmerzahl in der Zulieferbranche in Deutschland auf 327 300 Personen um 12 400 an. (1)

Technologienetworking als Erfolgsfaktor für OEMs und Zulieferer

Als Vorreiter für die neuen Netzwerkpartnerschaften gilt BMW, das bestimmte Funktionen wie z.B. 30 Meter Bremsweg direkt bei Zulieferern ordert. Die Verantwortung und damit das Risiko liegen in dieser Konstellation eindeutig beim Zulieferer. Diese Strategie führt zu einer deutlichen Kostensenkung in der Entwicklung beim OEM und zu neuen Wachstumschancen für die automobile Zulieferindustrie. (4), (8)

Zahlen & Fakten

Wertschöpfung pro Fahrzeug (9)

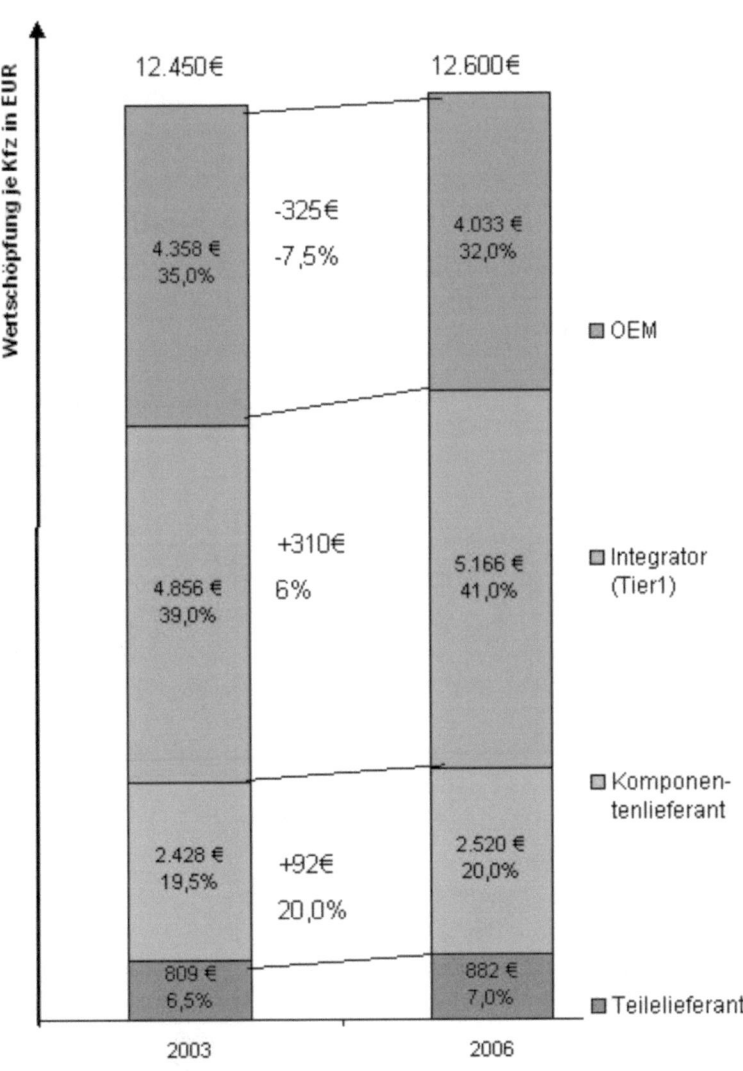
Quelle: Cell Consulting AG 2004

Entnommen aus: Automobil Industrie Nr. 11, 10.11.2004, S. 18

Umsatz und Beschäftigung in der Automobil-Zulieferindustrie (1)

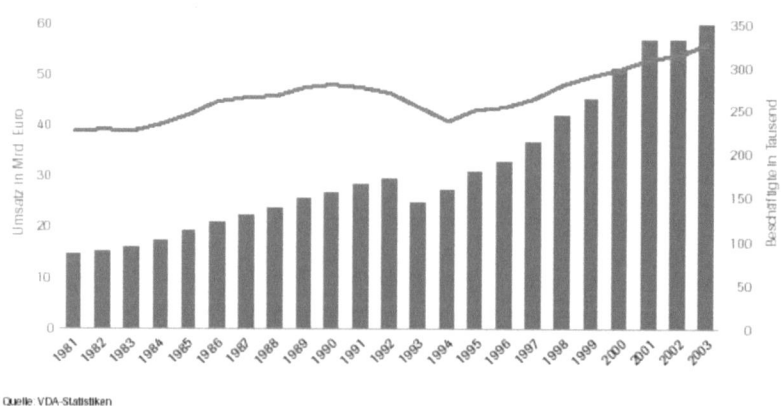

Entnommen aus: Auto Jahresbericht 2004, VDA, S. 59

Weiterführende Literatur

(1) O.V., Auto Jahresbericht 2004, VDA - Verband der Automobilindustrie, www.vda.de
aus Automobil Produktion, Heft Sonderausgabe Eine Branche im Umbruch 4/2004, S. 4-8

(2) Zulieferer auf der Gewinnerseite
aus Automobil Produktion, Heft Sonderausgabe Eine Branche im Umbruch 4/2004, S. 4-8

(3) Das Tabu-Thema
aus Automobil Industrie Nr. 01-02 vom 04.02.2005 Seite 024

(4) Den Bogen nicht überspannen
aus Automobil Produktion, Heft 6/2004, S. 46-49

(5) Chinas Zulieferer erobern Europa
aus Automobil Produktion, Heft 3/2005, S. 32-33

(6) Leoni positioniert globales Netz
aus AUTOMOBIL ELEKTRONIK, Heft 1/2005, S. 12-16

(7) Outsourcing industrieller Wertschöpfung Gefahr droht immer
aus BA Beschaffung aktuell, Heft 4, 2005, S. 34

(8) Interview mit Prof. Dr. Burkhard Göschel - Lebens-Elixier "Innovation"
aus Automobil Produktion, Heft 1/2005, S. 30-32

(9) Die Kernfrage
aus Automobil Industrie Nr. 11 vom 10.11.2004 Seite 018

(10) Suche nach Rohdiamanten
aus Automobil Industrie Nr. 04 vom 06.04.2005 Seite 026

Impressum

Neue Wertschöpfungsstrategien - Chancen für OEMs und Zulieferer in der Automobilindustrie?

Bibliografische Information der deutschen Nationalbibliothek

Die Deutsche Nationalbibliothek verzeichnet diese Publikation in der deutschen Nationalbibliografie; detaillierte bibliografische Daten sind im Internet über http://dnb.d-nb.de abrufbar.

ISBN: 978-3-7379-1959-3

© 2015 GBI-Genios Deutsche Wirtschaftsdatenbank GmbH, Freischützstraße 96, 81927 München, www.genios.de

Alle Rechte vorbehalten. Dieses Werk ist einschließlich aller seiner Teile – z.B. Texte, Tabellen und Grafiken - urheberrechtlich geschützt. Jede Verwertung außerhalb der Grenzen des Urheberrechtsgesetzes bedarf der vorherigen Zustimmung des Verlags. Dies gilt insbesondere auch für auszugsweise Nachdrucke, fotomechanische

Vervielfältigungen (Fotokopie/Mikroskopie), Übersetzungen, Auswertungen durch Datenbanken oder ähnliche Einrichtungen und die Einspeicherung und Verarbeitung in elektronischen Systemen.